Les Poèmes Inconnus

Nicolas Enderlin

Les Poèmes Inconnus

© 2018 Nicolas Enderlin

Edition : BoD - Books on Demand

12/14 rond-point des Champs Elysées

75008 Paris

Imprimé par BoD – Books on Demand, Norderstedt

ISBN : 978-2-3221-1939-4

Dépôt légal : Avril 2018

Je remercie mes proches et ma compagne pour leurs encouragements ainsi que leur force, qui m'ont permis de me lancer dans l'édition de mon recueil de poèmes. Je remercie également une ancienne professeure pour sa relecture et ses encouragements.

Un grand merci à vous tous !

L'encre de ma plume

Bleue est l'encre de ma plume
Bleu camaïeu
Qui saigne quand je t'écris des mots bleus

Bleu est le ciel orageux de la nuit
Bleu malheureux
Un soir, sans toi, bien triste et silencieux

Bleu est le paradis des cieux
Bleu heureux
Nous aurons les yeux rivés sur la terre indigo nous deux

Bleu est l'océan d'aveux que je te dirai
Bleue telle ma peur quand je vois...
La fleur bleue de notre amour se faner

Ma fascination

Vie banale aux pensées inavouées
Pour seule envie, te recontacter
Bien jeune pour penser à l'amour
Avec l'âge on s'assume et gagne en bravoure

Jeune femme mystérieuse et intrigante
A la beauté fidèle et flagrante
Aux airs timides et discrets
Ton reflet d'ange réside à l'intérieur de ma tête

Ce n'est qu'avec le temps que l'on réalise
Ce n'est qu'avec les souvenirs que l'on idéalise
Penser à toi souvent comme quotidiennement
Au cœur qu'une seule envie, te retrouver comme auparavant

Contemplant un feu fixement
Assistant à l'envol des cendres rouges s'élevant
Vers un ciel sombre et sans vie
Où les étoiles meurent et s'ennuient

Nombreux sont les instants figés sur tes photos
Dont une où ton sourire y est si beau
A présent je reprends goût à l'amour sans fabulation
Simplement t'aimer avec fascination

Mon Ange

Mon Ange t'ai-je demandé d'être ma muse ?
Ma source d'inspiration si je ne m'abuse
C'est depuis mon monde que j'écris ces vers
Bien loin de la réalité de fer
Celle qui m'emprisonne à mon retour sur Terre

Mon esprit débordant de souvenirs
Si proche à m'en faire pâlir
Si réels à m'en faire sourire
A mes pensées tu es splendide
Comme ton visage à travers une eau limpide

Ton incertitude à l'égard d'une eau aux notes de cerises
A t'en méfier comme une hantise
Puis à y poser tes fines lèvres attentionnées
Goûter cet arôme tant convoité
Qui donne à être apprécié

D'une fenêtre, j'admire
Quelques bouts de nature qui songent à partir
Partir pour ne plus revenir
S'enraciner dans un monde meilleur
Monde où réside ton cœur

Nuits sombres d'insomnies
Si longues quand tombe la pluie
Bien trop silencieuses qu'elles me terrifient
Ce n'est qu'au lever du soleil
A l'heure où encore je sommeille

Coupé du paradis des rêves
Celui où les yeux fermés je m'élève
Dans ce néant je te retrouve, si belle
Dans ce néant nous sautons à pleines ailes
Et divin est ton reflet dans le ciel

Incompréhension

Si froid est mon esprit
Si blessante est ma plume d'écrit
Noir mat est mon encre
Sans aucune brillance de nacre

Au futur j'écrirai d'une encre blanche
Surréaliste et illisible
Comparable à mon moral qui flanche
Mes paroles sentimentales inaudibles

Là où les hommes honnêtes prêchent
Les lueurs d'espoir crèchent
Bordant les hauts sommets du Laos
Paysage où les rêves s'exaucent

Je me laisse à l'isolement
Pour seul délassement quelques vers de Musset
Paroles m'attirant au dévouement
Puis me poignardent aux regrets

Entre les persiennes j'aperçois la morosité
Des hommes, des femmes aux visages marqués
De ride, de rancœur, de hargne
Chaque jour le cynisme me gagne

Demain dès lors de l'aube criante
Je m'éveillerai avec ce goût de monotonie ardente
Les identiques pensés au dépourvu d'un vécu
Renforcent ma noirceur accrue

Admiration

Île rivée d'inlassables horizons
Assis, je contemple à foison
Ce que la nature m'a laissé
Un monde de rêve, me faisant cauchemarder
De bonheur, comme de craintes et de peur

Magie d'un instant unique et précis
Amour assoiffé de lendemain comme aujourd'hui
Nul ne sait quand s'arrête la pluie
On ne sait pas non plus quand s'arrête l'ennui
Nombreuses sont les pensées qui nous relient

La beauté, bien souvent intérieure
La futilité, bien trop souvent d'extérieur
Si le ciel n'a d'effets sur mon humeur
Tes mots en ont sur mon cœur
Et ton regard, qui me ravive de couleur

Blanche page

Ces mots noirs remplissent ma blanche page
Quand au loin se charge l'orage
Ses éclairs brisent la pénombre
Son tonnerre est le seul à qui je puisse répondre

Bien que seul et sans muse
Bien loin de la fantaisie et des roses
J'idéalise toujours cette femme sans ruse
Qui m'aimera avec ma conscience morose

Je suis prêt à m'aventurer sans fil d'Ariane
A quoi bon sert de courir dans l'antre du labyrinthe
Je traîne mon âme, je flâne
Un jour ou un autre j'en sortirai sans crainte

J'ai longuement fixé le ciel sans attente
Quand tombe une goutte froide et lente
Me remémorant ses chagrins au creux de mon cou
Durant les insomnies qui rodaient autour de nous

Tout me ramène à toi comme ces pluies battantes
Celles qui frappaient ta fenêtre quand nous étions deux
A présent les pluies sont mourantes
Et l'état de mon cœur reste désastreux

Si optionnel pour certain
Quand le glas de la détresse me sonnera
Je renierai ces gens hautains
Si marginaux que les anges rompront leur aura

Mystérieuse

Légère brise fraîche sur la plaine
Ondulation parfaite du feuillage doré
Lumière happée par cette nuit reine
Alchimie simultanée de nos pensées

Ma parfaite étrangère au teint clair
M'ensorcelant depuis ses portraits
Son regard sauvage, ses yeux clairs
Son galbe limitrophe du parfait

Poignante sensation d'abandon
Quand mes sens me ramènent à la raison
Alors je disparais dans mes rimes et vers
Puis je m'émerveille de tes yeux clairs

Incertains de la parole des gens
Tout deux nous nous portons méfiant
Si submergée par mes compliments
Mais si fasciné par ton tempérament.

Tu me vois d'âme passante
Car le monde extérieur je le hais
J'aime ton allure frappante
Mais te rêver c'est tout ce que j'ai

Antipathique

De nos jours la population ère
Entre le luxe et la misère
Il n'y a plus de style à part
Camouflé par la mode comme rempart

Où est l'authenticité ?
Je ne sais ô combien je l'ai cherchée
De vulgaires contrefaçons ratées
Entre femmes et hommes efféminés

Ces demoiselles sortant du lot
Si envoûtantes à y laisser sa peau
J'éviterais de briser leurs rêves
Pour l'instant je demande une trêve

J'ai laissé les plus beaux paysages
Pour être à ses côtés
J'ai laissé les plus belles plages
Pour au final tout gâcher

Avec toi sur ma barque je fais naufrage
Oublie moi pour un avenir meilleur
Je divague sur une piste sans éclairage
Je flirte avec les limites de la peur

Dès l'instant présent
J'arrête d'écrire pour ces mécréantes
Incapables de comprendre
Trop fières pour vouloir entendre

Le goût mitigé de haine et d'amertume
Pour elles je ne tuerai plus ma plume
Et si la misère m'inspire
C'est sans doute qu'il y a tant à dire

J'ai créé mon propre chaos
Celui où le monde est euthanasié
Alors je baroude entre les niveaux
Entre l'envie et l'absurdité

L'atmosphère est pesante
Je m'étouffe à chaque bouffée
Les réverbères sont aveuglants
J'en ai les iris irritées

Pourquoi suis-je antipathique ?
La raison n'est point de moi
Certainement de ces vils gens pathétiques
Odieux et sans foi

Sombres pensées

Monde aux mille et un humains
Où peine la détresse de chacun
Les paysages m'ont marqué
La vie m'a montré sa réelle beauté

Pendant un clair instant
Les fantômes de l'obsession m'ont délaissé
J'ai senti fuir mon âme au milieu des goélands
Vide, immobile, présent mais sans pensée

Le labeur et l'enseignement me nuisent
Ce dont je désire c'est respirer la vie
Plus de hiérarchie malsaine
Je veux vivre sans haine

J'ai vu ces marginaux se détruire
Se noyant à flots d'alcool
Où chaque gorgée les aide à périr
Jusqu'au souffle dernier, puis s'écroulent au sol

Déchirée est l'unique voile de mon voilier
Semblable à mon abrupt cœur
Épuisé de me lever tôt
Ennuyé, je fuis le bonheur

Trop de cœurs brisés
Trop de sentiments bafoués
Mes paupières se ferment
Mon corps s'apaise en bon terme

J'ai abandonné l'amour
Gardé la bravoure
J'ai armé mon tromblon
Pour abattre Cupidon

Ses flèches m'ont laissé des marques
Physiquement rien ne s'efface
Qui sait dans quoi on s'embarque
Au moment où la vie nous lasse

Train de vie

Au matin les odeurs de cigare
Au matin sur le quai de la gare
J'emporte mon cynisme
Avec moi mon laxisme

Ma fragrance ne tient plus
L'air au-dehors est impur
À l'identique dans les rues
La misère est dure

Tête baissée je narre
Tête haute je pars
Pays prônant la liberté
Pays aux mille et un enfermés

Mon train s'en est allé
Emportant mon inspiration, mes idées
Encore une journée dont je n'ai envie
Ainsi va la vie

Le retour ressemble au matin
La fatigue au rendez-vous
L'écriture entre les mains
Grâce à elle je suis debout

Proche de ma destination
À quelques pas de mes ambitions
Bientôt pieds à terre
Ce n'est que le chemin en arrière

Vie sous pluie

Sans idées je débute
Regorgeant d'inspiration j'exécute
Le monde est outré
Et j'en suis consterné

Qu'importe la pluie
Qu'importe la vie
Je perds l'appétit
Mais faim d'envie

Le rationnel en personne
Comme la logique en deux consonnes
Des bruits de pas résonnent
Pas d'âmes qui déraisonnent

À défaut de chaleur humaine
J'entretiens un feu passionnant
Flamme qui peine
Sous l'air nonchalant

Rictus

Aujourd'hui j'ai ricané
Quand j'ai vu leur monde s'entretuer
Aujourd'hui j'ai ricané
Quand j'ai vu des gens pleurer

La foule je l'ignore
De la naissance à la mort
Je contourne les dures violences
Par la démence et l'arrogance

Le temps d'un whisky
Et le mal s'est enfui
Je passe ma vie à constater
En me rendant compte que rien n'a changé

Aujourd'hui j'ai souri
Quand le soleil a fait briller mes yeux
Aujourd'hui j'ai souri
Quand j'ai vu cette femme aux longs cheveux

Y a-t-il encore de l'espoir au fond?
Sûrement peu
Constamment l'impression de tourner en rond
Quand revient cet aspect sirupeux

La nuit est pesante
Je ne ricane plus
Mon sourire a changé de teinte
Aujourd'hui disparaît au bout de ma rue

À la ménagère

À la ménagère
Qui de sa voix légère
À son accent envoûtant
Sa personne m'emporte au vent

Une douceur d'Europe du sud
Si paisible d'attitude
Son physique quasi parfait
Visage marqué d'un teint frais

À cette ménagère sortant de l'ombre
De son irrésistible allure
À la chevelure sombre
Telle mes idées obscures

Elle est venue à me faire souvenir
Du passé me faisant pâlir
Son quotidien n'est que routine
Elle rêve des brises marines

Derrière sa sympathie
Pour elle je compatis
À cette ménagère
Qui aimerait changer d'air

Ma Vénus

Je suis parti d'humeur hargneuse
Sous la pluie battante
Mes souliers n'ont tenu cette eau houleuse
Voué à la solitude comme une âme errante

J'ai cherché mon numéro précédé de mon nom
Salle une, numéro vingt deux
Je m'assieds à ma place sans aucun son
Je tourne ma tête et vois ses yeux

Qui est-elle?
Comment s'appelle-t-elle?
Du coin de l'œil
Je vois son prénom sur une feuille

Je suis ce sinistre timide
Au regard froid et limpide
Comparable à l'eau qui s'écoule
Depuis l'aube sous la foule

Cette vénus aux yeux bleus
M'a demandé mon nom d'un air timoré
J'en suis ravi et heureux
Sans plus attendre le lui ai communiqué

Au cours de cette pluvieuse journée
On a créé maintes affinités
Mes répliques l'ont fait sourire
Au plaisir je soupire

Le froid me crispe de la tête aux pieds
Quand je sens ses mains me réchauffer
Assise à mon côté je sens ce courant passionnant
Jusqu'à ce que le terminus met fin à ce moment

Derniers mots
Derniers regards
Je m'en vais sous les trombes d'eaux
Je m'en vais vers ma station de gare

Lutte contre l'oubli

Jeune femme de silhouette fine et belle
Chevelure sombre prunelle
Véritable énigme dès le premier regard
Son style et sa personne sont rares

J'ai conquis son cœur
En écorchant d'une faute son prénom
Son sourire, mon bonheur
Ses dessins, un amour en disant long

Elle qui de son pâle visage
De ses notables traits d'ange
Son sourire si coquet
Si intense qu'il me transcendait

Le temps et les chemins se sont séparés
Au final jamais je ne t'ai oubliée
Bien des années après on se retrouve
Désormais femme à la douceur de louve

Dans ces quelques mots
Je pourrai te dévoiler mes sentiments
Je préfère m'abstenir, peur d'en dire trop
Mon dernier souhait, t'enlacer longuement

J'aimerais te chuchoter à l'oreille
Ô combien tu m'émerveilles
J'aimerais te dire mon ange
Ô combien dans mon cœur tout s'arrange

Psychisme

Enfermé, je reste oisif
Comme ce fou sous traitement intensif
Mademoiselle permettez moi
De vous suivre de ce pas

Les femmes en blouses blanches
Me donnent mes cachets puis ma vision flanche
Mes reflexes sont amoindris
L'impression que mon être se liquéfie

Minuit vingt-trois, du bruit dans le couloir
Chambre cent vingt-six réclame à boire
Pourquoi suis-je ici?
Là où les pilules font partie de la vie

Réveil matinal lent et pesant
Puis le retour des cachets pseudo apaisants
Sortez moi de cette tourmente
Je ne suis à présent qu'une âme errante

Une journée de plus à déambuler
Seul avec mon amie morosité
Je me sens coton, les couloirs sont si noirs
Neuf heures et quart, soleil, je sors d'un cauchemar

Rêveur penseur

Ce matin comme bien souvent dépêché
Je ferme ma demeure d'un tour de clef
Le corps et le mental stressés
Il me faut décompresser

Aujourd'hui la mélodie se répète
Train, ennui, solitude et internet
La toile démagogique par excellence
Mensonge, manipulation à outrance

Si je dois croire ce que je vois
Il est préférable d'abandonner de ce pas
Entre les gens infidèles et malsains
Coincé entre une arme et un surin

Qu'est-ce que la peine?
Un sentiment de culpabilité ?
Un manque d'une personne vaine?
J'ai désormais arrêté de me questionner

Tombée de nuit brumeuse
Vidé, plus d'air, la poitrine creuse
Asphyxié par l'eau des mensonges
Je nage dans cet acide qui me ronge

Sur le sommet du monde
Je m'isole, assis sur la terre féconde
Bien loin des foules immondes
Sur elles, que seul le tonnerre gronde

Ce n'est qu'en présence de mon thé
Que fusent quelques belles idées
Alors je les poétise à ma guise
Rigueur et précision sont de mise

Derrière mes verres, mes yeux
Qui regardent d'un air fabuleux
Une femme qui ne sera jamais mienne
Je patiente, je rêve de ma magicienne

Mon idylle sera la notre
Je t'attends, toi et pas une autre
Tu sauras me découvrir et m'aimer
Dans mes déboires je t'ai imaginée

Poem to Jim Morrison

De son authentique charisme
Aux multiples facettes d'un prisme
Voix puissante
Paroles perçantes

À chaque mélodie un frisson
L'ouverture d'une porte de la perception
Un timbre de voix nous partageons
La rivière de la passion

Le seul, l'unique de son style
Sur scène, au micro immobile
Puis il surgit de la folie
Comme ce lion en pleine furie

Une façon de faire inimitable
Jim est intraitable
Une légende partie trop tôt
En laissant ses chansons et des mots

J'embarque dans le bateau de cristal
Les cheveux emportés par le mistral
Serein, je prends le large
Sans même la peur de faire naufrage

Jim farandole
Dans ma tête ta voix s'envole
Je savoure chaque musique
Puis passe en moi un courant électrique

Pas un jour sans que je fredonne
Un air de monsieur Morrison
Baby light my fire
Quatre mots faisant fureur

Sixties to seventies
En passant par les clubs de strip-tease
Femmes d'un soir
Femmes du coin de rue, tapin, bar

Incompris par certains
Encore un point commun
Aujourd'hui soixante et onze ans
Une note puis tu es là instantanément

Ses écrits psychédéliques
De sa voix idyllique
Laissez-moi m'en aller
Dans ce monde inexploré

In loving memory - Jim Morrison
08/12/1943 - 03/07/1971

Conclusion d'imprévu

Les sirènes résonnent
La fin de l'automne
Les arbres sont nus
Comme ton corps dévêtu

La fraîcheur s'installe sur ta peau
Un frisson le long de ton dos
La couverture au-dessus des reins
Caressant tes doux cheveux châtains

Combien de temps tout cela durera?
Deux ans, un an, trois mois?
Peut-être le temps d'une nuit
Ou simplement d'une mélodie

L'eau ruisselle et suit son cours
Comme toi marchant à pas de velours
Mon porte mine est fait de futilité
Notre monde d'absurdité

Nous deux sommes liés
Nos corps entremêlés
Neuf heures deux, pluie, gris
Encore un cauchemar maudit

Maudit message

Écrit dramatique
Je perds mes sens et ma logique
Mauvaise nouvelle inattendue
Seigneur je suis perdu

J'ai faim, je tremble, j'ai peur
L'épée de Damoclès a chuté
Traversant mon âme jusqu'au cœur
Ma vie prend une tournure flinguée

Une vie si peu intéressante
Personne ne me regrettera si je disparais
Homme lugubre aux paroles blessantes
Dites au monde actuel que je le hais

Jour semi agréable, éclaircie, vie
L'instant d'un message et tout vacille
Black-out physique, stress, affolement
Prise de conscience avancée: enfant

L'impression d'être en cellule capitonnée
J'hurle à l'aide d'une voix déchirée
Je dois vivement m'en aller d'ici
Tout est malsain, je veux changer de vie

Les tremblements ne cessent
Qu'on m'abandonne, qu'on me laisse
Je suis épuisé de la misère d'autrui
De mon quotidien, de mes conneries

Ce jeune marchant la tête dans le col
De son manteau gris, ennui, éthanol
Ce n'est personne d'autre que moi
Une mauvaise passe, un tort, un désarroi

Je tenterai d'assumer
Une fois le problème réglé
Une dernière solution: bannir
Afin que ces démons ne puissent revenir

À ma mère

Je ressasse un vécu
D'une éducation perdue
Entre les infidélités d'un père
Et les pleurs d'une mère

Enfant précocement mature et réfléchi
La situation je l'ai très vite comprise
Assise avec la musique dans les oreilles
Elle savait que rien ne sera plus pareil

Son stylo pleurait sur la feuille
Telle une macabre cérémonie
Avant l'instant de deuil
Sous la froide tombée de nuit

Ma mère faisait tout pour mon père
Ce qu'une femme n'était pas censée faire
Elle le faisait passionnément
Malgré certains comportements

Les années ont passé
Le divorce les a séparés
La maison désertée
Les esprits consternés

J'ai suivi ma mère
Et laissé le reste derrière
Nouvelle demeure et nouveaux visages
Je suis sous conditions de partage

Un week-end sur deux je repartais
Dans ce malsain palais
Ma maison d'enfance
Un véritable nid de souffrance

L'âme qu'elle dégageait était néfaste
Intérieur de pâle contraste
Il y vivait l'esprit frappeur
Qui nous condamnait au malheur

Ma mère ne cesse de me gâter
Je ne sais comment elle peut continuer
Moi qui l'ai fait pleurer
Je suis un monstre de méchanceté

Moi égoïsme m'empêche d'agir
Elle fait tout pour me faire plaisir
Au final je lui rends le tire
Quand je la fais sourire

Je contribue à son bien-être
Je la conseille aux moments traîtres
Cette femme n'est pas fantastique
Elle est unique

Vivre avec un fils aux idées noires
Pour elle c'est un cauchemar
Mes vautours elle les chasse
Avec toujours autant d'audace

C'est à travers ce qu'elle aime
À travers un poème
Que je lui prouve que je l'aime
Maman je t'aime

Invisible romance

Nous nous croisons si peu
L'instant d'un trajet orageux
Mon regard ne quitte tes mirettes
Ton sourire est un jour de fête

J'ai l'impression d'être un homme invisible
Tes regards, tes sourires, je n'en suis la cible
Tu voyais à travers moi, apparemment trop
Mais assez loin pour voir ce beau

J'ai vêtu mes plus somptueux habits noirs
Si sombres, couleur cauchemar
Afin d'attirer tes yeux sur ma personne
Encore une solution qui m'abandonne

Tout cela est métaphorique
Dans cette romance il n'y a de logique
Ne suis-je probablement qu'un mirage?
Une forme, une chose, que l'on aperçoit au large?

C'est formellement impossible
Comme le fait d'être invisible
Cette femme est peut-être une invention?
Une parfaite esquisse de mon imagination

Mon esprit est si confus
Mes pensées sont momentanément interrompues
Je ne peux croire ce que j'ai vu
De mes propres yeux je l'ai vécu

Ce que personne n'a pu voir
Je l'ai longuement contemplé
Cette femme aux cheveux blond ivoire
Malheureusement je n'ai pu l'effleurer

Fraîcheur journalière

J'affronte le froid en quête de chaleur
J'affronte le songe en vue du bonheur
J'affronte la mort en imaginant la vie
J'affronte les mots et l'ennui

Je suis cet espèce d'agent matrimonial
Guidant les gens vers le sentimental
Ma reconnaissance n'est que peu reconnue
Puis l'oubli, quelle foule impromptue

Misérables sont ces pions
A l'ordre d'une veuve scorpion
Croyant à l'idyllique amour
Au touché d'acrylique et de velours

On peut lire un poème par les derniers mots
Qu'importe le sens, de bas en haut
Et inversement, de haut en bas
L'important est de sentir cette flamme en soi

Je n'ai plus de femme à qui me confier
Ni plus à aimer
Alors je la schématise au crayon gris
Pour ressortir chacun de ses traits enfouis

Je ne suis pas si compliqué
Certainement indulgent, une certaine qualité
Ce dont je désire c'est la trouver
Malheureusement je n'en ai que l'idée.

Moscou

Dix heures quatorze minutes
Amas de ferraille volute
Inconfortablement assis
De gauche à droite je vacille

Timing honnêtement respecté
Pour une vie trop synchronisée
Emporté par le vent humide à minuit
La pluie me décoiffe et refroidit

Le fracas des gouttes
Heurtant le vitrage du doute
L'orfèvrerie métallique perce la nuit
Guidée par le métal en symphonie

Déambuler dans les rue de Moscou
À l'heure des hommes saouls
On entend des bouteilles se briser
On voit des hommes grisé

Dans un flot d'alcool ils dansent
En chœur ils chantent
De généreux marginaux rencardent
Dans les ruelles de Moskva Gorod

Je rejoins l'hôtel confortable
Afin d'évacuer l'insupportable
Huit heures sept Moscou s'éveille
Emportant mon doux sommeil

Les rues sont dégagées
Les hommes ont dégrisés
L'industrie est réenclenchée
La mère patrie est sublimée

Irish bar

Heure tardive un samedi soir
L'idéal pour occuper un bar
Serveuse, un double whisky
Sérum sacré de poésie

Assis au fond
J'écoute chaque conversation
Différents types de personnes
Quand l'alcool les déraisonnent

Ce soir-là, les décors me fascinent
Je fais tournoyer mon verre
Les effluves de whisky odorent l'air
Le temps. Je l'assassine

Les murs sont ornés de tableaux
Le comptoir en bois, sublimé par un halo
Une affiche de Wimbledon, une seconde
À côté de cette femme blonde

Celle-ci est lassée
Par un jeune homme éméché
La fatigue dans les paupières
Et à la main son second verre

Il est une heure du matin
Le bar ferme dans trente minutes
Assez de temps pour sentir le parfum
Des alcools tous azimuts

Je me sens bien
Dans la nuit du lendemain
Qui s'achève à vue d'œil
Il est l'heure de franchir le seuil

Triste réalité

Être présent pour des individus
Les épauler dans leur inattendu
Le remerciement chuchoté
Une fois leurs problèmes dissipés

Bien trop bon samaritain
Au cœur des vauriens
Population assoiffée de sang
Maniaques et tremblotants

Ultra violence
Être jonché sur la faïence
Suffocation. Aberration
Mort en parfaite adéquation

Mademoiselle laissez-moi vous guider
Vers les abysses cachés
Du vice et de la séduction
De votre âme j'en suis le démon

Mon sourire est narquois
Ultime flèche de mon carquois
Pointe enflammée
Traversant la nuit étoffée

Vilains égoïstes malfamés
Que la déchéance à malmenés
De mon ciel étoilé je vous ris
Si proche du paradis

Or liquide

Pensant sur la table haute
Verre d'or liquide comme menotte
Le rock n' roll enivre l'air
Dans mon majestueux corsaire

Un homme noir savoure son café
Devant un match fatigué
Libre à lui-même
Dans cette existence de bohème

Sur le paisible ruisseau
Je pense. Écriture. Femme. Mots
Les arbres m'apportent l'ombre douce
Une caresse. Traînée du pouce

Bien trop seul pour accepter
L'imminente soirée
Il est trop tôt pour s'exhiber
Sur le corps de Morphée

Une montée soudaine d'inspiration
Entrouvre les portes de la perception
Guidée par le blizzard d'hiver
Faisant grincer les charnières

Je souffle sur le candélabre
Éteignant les lueurs macabres
Le trait de fumée se meurt
Dans le sanctuaire des pleurs

Parfum d'aube

Parfum d'aube calfeutrée
Soleil émergeant obstrué
Par la montagne du colosse
Fantastique ou féroce

Le sol froid
Marque mes pas
Légère gelée d'une blanche nuance
Sur les trottoirs de la décadence

Un rayon de soleil transcende
Les vastes champs de lavande
Couleur violet mitigé
Par déclinaison de luminosité

Odeur de bois, sapin, force
Prénom gravé sur l'écorce
L'arbre depuis longtemps abattu
Puis brûlé dans une cheminée perdue

Réveillez-moi à la fin de l'hiver
Quand repoussent les primevères
La fraîcheur et la rosée s'installent
Sur les rouges pétales

Paradis tropical

Cascade relevant du gigantisme
L'eau miroir attire le narcissisme
Une brume constante sur la peau
Des milliers de fins cristaux

Les senteurs tropicales
Fruit du climat équatorial
Un goût sucré
Sur les rives ensoleillées

Le sable blanc éclatant
Un doux reggae berçant
Le vent se fait fin
Dans ses longs cheveux châtains

Le soleil songe à se coucher
Se laissant à moitié admirer
Ses rayons surfent sur l'océan
Pour rejoindre l'horizon du néant

Mon bonheur

Mon bonheur quotidien
Intentionnée pour mon bien
Mon cœur est enfumé
Illuminé par sa volonté

Quoi de plus beau que son sourire
Une étreinte à faire pâlir
Intéressé par son caractère
Rafraîchi par le fond d'air

Un regard fixe impensable
Pris par son sourire remarquable
Ses yeux débordant d'amour
Me lancent un appel aux secours

Prends-moi dans tes bras
Allez viens, on y va
Vers l'absolu, là-bas
Atteindre le nirvana

Ne nous quittons plus
Le manquement nous tue
Mon amour, aimons-nous
Jusqu'à ne plus tenir debout

Les mots me manquent cruellement
Tout comme toi en ce moment
Je t'attends où le monde passe
Assidûment à la même place

Aura

Silhouette énergétique colorée
Invisible par mal honnêteté
Seule la divine bonté
Fait présence de clarté

Les jours gris sont éprouvants
Tant bien physiquement que mentalement
Les mauvaises appréhensions
Les viles tentations

L'eau s'écoule rapidement
Le long des vitres embuées
Elles se croisent précipitamment
Pour finir leur course en s'écrasant

J'ai besoin d'un tout pour m'inspirer
De la nature pour respirer
D'une plume pour écrire
D'un extra pour mieux me sentir

Mon partage s'arrête à des mots
Mes voyages sont astraux
Dans mon monde je suis serein
Sans poésie je ne suis rien

Rock furie

Le bar, vingt-et-une heure, Cognac
Le rock se prépare, guitare hors du sac
Quelques essais de la basse
Puis le chahut trépasse

Les gens sont fascinés par ces sons
Bientôt commence la chanson
Un, deux, trois, quatre, le rock est là
Les décibels grimpent en éclats

Une mélodie parcourt l'endroit
Où le froid n'existe pas
Les seventies sont de retour
Mon moral revient à son tour

Mon pied bat le rythme des percussions
L'esprit est à la fascination
Association du blues et du rock
Sixties, seventies, Woodstock

Pause, le temps de reprendre un verre
Les guitares refroidissent à l'air
Mes oreilles bourdonnent
Le rock passionne

Folklore folie

L'écriture résume la vie
Les ratures en font partie
De l'encre au papier
Tout est relié

Des populations en folie
La démence au saut du lit
Chaque jour ils déambulent
Dans ce qui est leur vestibule

De la froideur dans l'air
Fraîcheur dans le sac mortuaire
Inhumé de son tombeau
Le défunt s'élève à nouveau

Je guide les détracteurs
Vers un précipice, dans les hauteurs
Puis les pousse du sommet
J'admire la chute avec attrait

Je ne suis ni fou, ni maniaque
Simplement en quête du paradisiaque
L'être humain est ignoble
Noie sa vie par le fruit du vignoble

L'eau par l'acide

Dans ces bains chauffés
Orgie de corps croisés
Un bouillon d'humains
Des galbes hautains

Tentation par la vue
Envieux du toucher
Figé et pris au dépourvu
De voir un corps semi dénudé

Dans ces eaux limpides
Où baignent les sirènes perfides
Et les yeux de l'infidélité
Qui ne cessent de voltiger

Remplacez l'eau par de l'acide
Admirez leur dissolution aride
Les âmes perdues
Ont toutes disparues

En quête de bien-être
Venu accompagné du mal-être
Besoin de douceur
Je récolte la rancœur

Je hais les autres
Car ce sont les apôtres
De la violence et de l'adultère
Acclamant disgrâce et colère

Coma blanc

Né d'une autre époque
L'année des peines réciproques
L'erreur vient de l'humanité
Paix aux mort-nés

Une multitude de solutions
Pour une unique raison
Le mal est en toi, c'est le moment
Décision subite d'un avortement

Sensation douce d'apaisement
Indescriptible coma blanc
L'infini de couleur pâle
Fragmentation du cristal

Une vie ennuyeuse et désordonnée
Puis une tombe aux allées bien rangées
Voilà le cycle perpétuel
Des saints aux criminels

J'ai fui l'enfance, l'amusement
Il fallait du sérieux pour être grand
Prise de conscience rapide
À ce jour mes yeux sont vides

J'aimerais mourir connu
Afin de marquer des individus
Histoire de se sentir apprécié
Ainsi qu'avoir existé dans le passé

Il n'y a pas de mélodie
Pour accompagner mes poésies
Quelquefois aromatisées au Whisky
Dont l'âge varie selon l'envie

Il n'est pas utile d'exister
Si notre vie est déjà tracée
Des lieux malfamés
Aux quartiers huppés

Le riche et le pauvre ont leurs problèmes
L'un mène une vie de bohème
L'autre une vie de château
Les deux se suicident. Le bout du rouleau

Usure partielle

Je me couche dans ces draps froissés
La solitude de la nuit passée
Quelques anciennes odeurs de parfum
Sur mon tendre coussin

Il est tard m'indique la montre
Heure noire, sombre insomnie, monstre
Quelques heures avant la symphonie
De la mise en marche de l'industrie

L'être humain programmé
Paramétré pour conquérir et tuer
L'inégalité n'est que politique
La pyramide maçonnique

Les gens sont fous
L'avenir sous verrous
L'hypothèse de la folie
Le synopsis de la vie

Ils gardent les enfers
Ces violents cerbères
Des âmes déchues
Aux médiocres pendus

La fatigue achève chacun de nous
Le sommeil emprisonne
Prosternation à genoux
Les dieux déraisonnent

Jugement divin

Des enfers à la volupté
De la tentation au péché
À l'accueil du jugement dernier
Ton âme sera épuisée

De ta vie tu as donné
De ton corps tu as succombé
Ici repose en paix
Une personne que nul ne connaît

Les allées du cimetière
Sont silencieuses et sommaires
Certaines tombes sont fleuries
D'autres abandonnées dans l'ennui

Une marche funeste dans ces rangs
Espionnée par des corbeaux croassant
Le prêtre guide ses pseudos fils
Les traîtres assoiffés de vice

Le discours perpétuel
Pour le repos éternel
Le cercueil descend
Dans la terre, tout doucement

On y jette des fleurs
On y enterre des pleurs
Sous la dalle de pierre
Sont enfouies quelques prières

Une nuit au manoir

La flamme vacille
Courant d'air ou esprit ?
Je ne saurais dire
Dans le manoir du soupir

Un ectoplasme passe muraille
Lueur dans le soupirail.
Les marches grincent,
En un bruit mince.

Au détour d'un couloir,
Dressée cette silhouette noire.
Il fait frais ce soir,
Seul dans ce manoir.

La valse fantomatique,
Haut voltage électrique.
La macabre symphonie,
Éloge de la misanthropie.

Poem to Elvis Presley

Légende des fifties
Déhanché qui diabolise
Cheveux gominés
Attentivement peignés

Les belles années cinquante
L'effervescence imminente
Du roi du rock
La nouvelle classe de l'époque

Elvis dans le mythe
L'icône que nul n'évite
La voix magique
Le personnage authentique

Love me tender
Pour une femme comblée de bonheur
In the ghetto
Pour une vie de fardeaux

La mort d'une légende
Des foules en deuil demandent
Le retour du King
Car sans lui, plus rien ne swingue

Les années passent
Mais rien ne le remplace
Presley reste exceptionnel
Son succès est intemporel

Le divergent

Qu'ils sont beaux les horizons
Sur les rives tout au long
On navigue sur l'eau bleue
Dommage qu'on ne soit pas deux

Bien loin de nous
Il en faudrait des tours de roues
Pour te serrer contre moi
Et te dire que mon avenir, c'est toi

Si je chavire
Que vas-tu devenir ?
Plonger dans les méandres
Ou tout réduire en cendre?

Le fait de t'avoir dans mon cœur
Cela fait mon bonheur
Le paysage n'est pas encore assez beau
Pour transcrire de plus jolis mots

Ce soir je quitte les terres de France
Pour les îles en incandescence
Les Baléares, le bleu turquoise
Là où personne ne toise

Au prochain poème
Ensoleillé et plus de teint blême
La mer m'attend
L'inspiration en même temps

Douce folie

As-tu déjà nagé vers l'horizon ?
Jusqu'à plus pied
Quand l'eau touche ton menton
La première phase avant agoniser

Regarde brièvement en-dessous
C'est noir et très flou
Ça ressemble à la vie
Quand dans le fond tout est gris

Le sable est doux, chaud et fluide
Ce n'est que la première couche
La seconde est froide, dure et stupide
La relation du sable et de la vie est louche

Le problème ne vient des gens
Je réagis comme eux, suis-je suis méchant ?
Que je les hais, ces enflures
Ils sont l'égérie des ordures

Les regards acérés des marâtres
Hideuses, laides, ridées, blanches plâtre
J'enverrai mon faucon merveilleux
Leur crever les yeux

Je les enterrerai sous un pommier
Par les racines elles se feront transpercer
Elles n'ont de dernière volonté
Car leur vie n'est que malhonnêteté

Mon bonheur II

La distance sans communication
Peur de l'intention
Mais nous savons que dans peu
Nous serons à nouveau tous deux

Te savoir en environnement hostile
Une chose qui m'horripile
Je veux te serrer dans mes bras
T'emmener loin de là-bas

Unis nous sommes si forts
Séparés, règne la mort
Le fossé entre la réalité
Celle de l'éternité

J'écris depuis le néant
Il n'y a rien à l'horizon
Juste le ciel et la mer bleu océan
Une bien belle et étrange prison

Il suffirait de chavirer
Pour ne plus jamais s'aimer
Je pourrais disparaître aussitôt
Partir sans même un dernier mot

Elle est encore loin la fin
Nous ne sommes qu'au début du lendemain
Bientôt on prendra le large
Ce ne n'est pas seulement écrit dans la marge

La nostalgie hivernale

Au-dehors le ciel est blanc
Il me rappelle les journées d'hiver
Somptueux est le ciel éclatant
Marcher dans la neige claire

La nostalgie hivernale
Le froid quelque peu létal
Un café, un poème et le paysage
Écrire une vingtaine de passages

Les empreintes compactes dans le sol
Se succèdent à tour de rôle
L'impression de glacer ses poumons
En inspirant tout là-haut, en amont

L'hiver tout est calme
On se rassemble autour d'une flamme
Un whisky pour se réchauffer
Et discuter du temps passé

Quand la froideur gèle mes doigts
L'encre de mon stylo ne sort pas
Il est temps de rentrer
Et de repenser à ces belles journées

Les cycles de l'humanité

Le stress est palpable
Les pulsations sont instables
Pourtant le lieu est reposant
Les arbres ne sont pas des semblants

Un coin de tranquillité
J'apprécie l'eau et sa clarté
Pourtant mon être est chamboulé
Mon cœur ne cesse de tambouriner

Nous franchissons des étapes
Nous tenons le cap
Vers l'inattendu et la réussite
Dans le domaine des élites

L'homme a dû gravir des sommets
Pour atteindre le versant opposé
L'homme a ensuite traversé les sommets
Pour vivre de la facilité

Dans son évolution
L'humanité a pris une mauvaise direction
Les conflits et les répressions
Les guerres de religions

L'être humain est ignoble
Prêt à assassiner pour devenir noble
L'avidité les a gagnés
L'empire du mal s'est installé

Je vis où paix n'est plus
Il suffit de sortir pour sentir l'oppression
Un regard suffit pour être déchu
Mon monde est une trahison

Comment peut-on sourire ?
Si la suite nous fait souffrir
Comment faire confiance ?
Avec toute cette décadence

C'est écrit de la bible
Jusqu'à l'évangile
Respecter son prochain
Mais nous vivons comme des chiens

Utopie à l'infernale

Il est d'un temps glacial
Où la rosée gèle sur les pétales
On est seul dans ce silence
Dans les allées de la petite France

Choisis tes alliés en bonté
Ceux qui t'épauleront sans rechigner
Tu n'y crois pas gamin
Ne fais confiance à aucun de ces vilains

Construis ton armée de morts
Des squelettes putrides aux aurores
Aucune émotion dans les orbites
Une brève lueur couleur de kryptonite

Un régiment sans cœur ni âme
Prêt à commettre l'infâme
Les accroupissant au pied du mur
Ceux qui blasphèment et défigurent

Les cerbères sont enchaînés
Aux portes des enfers
Ne croyez pas au paradis sur terre
C'est une utopie légendée

Conscience flottante

Vent frissonnant sur la nuque
Depuis le sommet d'un aqueduc
Une conscience se joint à mon être
Aussi fou que cela puisse paraître

Elle me chuchote solennellement
Les beautés enfouies par le sable
Par les décennies d'outre-temps
Histoire, conte ou fable ?

Je m'en vais creuser
Là où les merveilles sont abandonnées
Je découvre un artefact
Son état se révèle intact

J'aurais aimé le révéler
Mais la vie m'a appris
À confectionner des secrets
Afin de ne pas allécher autrui

La conscience m'a épaulé
L'humain m'a dénigré
La foi humaine est un mensonge
Servi sur un plateau de songes

Minima Liste

Lune pleine
Pleine dune
D'une époque
Époque vaine

Noirceur froide
Froide ascension
Ascension mortelle
Mortelle descente

Rire jovial
Jovial rictus
Rictus moqueur
Moqueur idolâtré

Crescendo syllabique
Syllabique amusement
Amusement artistique
Artistique minimaliste

Écriture solitaire
Solitaire écrivain
Écrivain poète
Poète incompris

01100101 nostalgie binaire

Il en est de ces pixels
Des années passées
Où l'insouciance donnait des ailes
Le temps, l'heure et les vents oubliés

Les journées d'été
Après les cours flemmarder
Les mois de vacances
S'évader à outrance

Les braises et les marshmallows
Profiter de la vie d'ado
Immortaliser les soirées
Du convivial narguilé

Classées en fichiers
Nommées en sous-dossiers
Nos sorties les plus belles
Presque chaque jour une nouvelle

Qu'elle est belle la nostalgie
O combien nous avons grandi
Demain sera aujourd'hui
C'est ainsi que continue la vie

Asphalte

Derrière le carreau du véhicule
On voit défiler l'asphalte
Dans le jour ou le crépuscule
Les lignes blanches s'écartent

Laissant place à divers chemins
Peut-être à d'autres lendemains
La route semble interminable
Et souvent inconfortable

Il y a ces trajets qui mènent au souhait
Et ceux dont on se passerait
La route est un Van Gogh inachevé
Faite de traits discontinus et ondulés

On compte les heures qui passent
Les paysages qui s'effacent
On s'efforce de croire
Que le périple n'est point dérisoire

Suivre la voie ferrée
Voir la locomotive nous rattraper
Le tonnerre mécanique assourdissant
De métaux lourds en mouvement

L'ode au morbide

L'absence de rimes
L'absence de sens
L'absence de crimes
L'absence du silence

Il y a tant d'attente chez les médecins
Pour une consultation d'aucun soin
Il y a si peu d'attente dans les morgues
Pour finir sous la symphonie des orgues

Naître nu pour mourir vêtu
La nature humaine est déchue
Être faussement pleuré
Et se faire si rapidement oublier

Dans son existence il ne faut rien regretter
Il faut jouir d'avoir essayé
Les échecs sont inévitables
La vie n'est pas une fable

La poésie morbide n'est pas dérisoire
C'est une vision plus noire
Les fleurs fanent et pourrissent
Les hommes vieillissent et périssent

De l'ultime souffle au jugement dernier
Tu seras l'homme renié
Qui terminera sa vie enterré
Sous le granit, le bois et le coton tissé

Résidus d'inspiration

Innombrables heures à fixer le macadam
Période de réflexion que l'on blâme
Trouver le bon cap
Avant qu'il ne s'échappe

Les sentiers des poètes longent les eaux
La plaine des poètes les surplombent
Loin des sordides hécatombes
Simplement armés de plumes et de mots

Les souvenirs s'écrivent d'une infinité
Seul le temps modifie son originalité
La sagesse nous préserve
De ce que le mal nous réserve

Sous l'ombre d'un arbre

Sentiment ravageur de haine en fusion
Besoin d'une évasion
La tête perd ses raisons
Le cœur scande révolution

La rancœur et l'exubérance
Mènent à la démence
J'entends une détresse interne
Et ressens un moral un berne

Les yeux vers le ciel je rêve d'embarquer
Dans ces avions par milliers
Découvrir de nouvelles terres
Respirer un nouvel air

Loin des industries et de la dictature
Des politiciens et autres ordures
Retrouver ce sentiment d'humanité
Le contact, la parole et l'humilité

Frère de pensées et sœurs d'idées
S'écarter d'individus de faux sangs
Tous ces gens médiocres et dégradants
Ceux dont tu ne dépends pas pour avancer

Seuls ceux dans ton cœur et ton esprit
Sont nécessaires tout au long de ta vie
L'amour et la bonté ne s'achètent pas
On l'acquiert pas à pas

L'inconnue volatilisée

Doux climat méditerranéen
Dressée devant ce somptueux lac salé
Quelques brins de cheveux sur ta peau dorée
Le temps d'une seconde, plus rien

Où s'en est-elle allée ?
La verrai-je encore cette fille de l'été ?
Tant de questions sans réponse
Dans ces sables mouvants je m'enfonce

Le temps semble s'être arrêté
Seul le mouvement de l'eau le dément
Sur le sable tes pas sont effacés
Au bord de l'eau règne un air désolant

J'attends ta plausible venue
Même si l'improbabilité prend le dessus
Depuis que ta beauté s'en est allé
Je ne vois que des personnes de pure médiocrité

Le monde extérieur reste absurde et avide
Compensation, eau limpide
Les planches à voiles prennent le large
Tu as disparu tel un mirage

Pensées

Les pensées sont omniprésentes
Dans la tête elles nous hantent
Positives ou négatives
Mortuaires ou natives

L'évolution passe par la pensée
On se questionne sur l'avenir
Sur les réponses erronées
On se persuade de se mentir

La pensée du manquement
Ou celle du moment
L'endroit où l'on est
Et celui où l'on veut s'y reposer

Écrire ses pensées aide
Le développement de notre esprit
Se sentir assuré sur la corde raide
Comme sur le confort d'un lit

Un isolement au milieu de nulle part
Admirer le néant sur mille hectares
Le vent rafraîchit
Son bruissement faiblit

Les nuages passent et assombrissent
Les pensées ressurgissent
Elles sont éternelles
Aussi désastreuses que charnelles

Poésie logique

Un assemblage de mots
De syllabes et d'oxymores
Au bord d'un fleuve ou d'un ruisseau
On poétise la vie ou la mort

Le commun des vivants
Côtoie celui des défunts
Fête des morts comme amusement
Que festoient les vilains

Lettre de noblesse
Ou simple jeu de damoiseau
Les mots exquis s'adressent
À celle qu'il rencontra au bord de l'eau

Texte solennel
Nulle métaphore irrationnelle
De maigres consonnances
Poème à la résistance

La folle farandole
D'une schizophrénie grammaticale
Sur une feuille de bristol
Le chef d'œuvre final

Libérez-moi

Derrière la vitrine la pluie ruisselle
Une goutte glisse comme une larme
Sur mon visage réfléchi en elle
Je suis un otage sans arme

Les sourires sont misanthropes
Des crois rouges sur le trombinoscope
On manque de temps pour vivre
Tout autant pour être libre

Le temps passe, les gouttes gèlent
Viennent les flocons et le sel
Le goût amer d'une rancœur
De patienter, cloisonné, des heures

Le conditionnement mental
La froideur du casier de métal
Le silence est d'or
L'otage a reçu le soupir de la mort

A bord du train

A bord du train j'ai traversé
Les paysages et les contrées
Les milieux sociaux et la précarité
Les industries et les champs de blé

Le voyage des incivilités quotidiennes
La saleté et la crasse humaine
Les déchets au bord des voies
L'obsolescence du respect de soi

On y croise d'autres trains
S'en allant vers d'autres chemins
Les terres en jachère de l'agriculteur
Le maigre gagne-pain du labeur

On se coupe du monde
Dans une bulle en eau profonde
Côtoyant les mystères abyssaux
Et la froideur de l'eau

Revenons en notre univers
Entouré d'un système binaire
Un chiffrage d'incohérences
L'existence a-t-elle un sens ?

Occulte

Folies humaines ou fantasmes ?
L'occulte dans les mœurs
Aussi naturel qu'un pléonasme
Intentions malsaines en chœur

Sciences, médecines et talismans
Bienvenue dans l'antre de l'endoctrinement
Rituels et sacrifices
Horreur et sanglot dissimulés dans l'hospice

Le pentagramme est illuminé
Par des bougies en ses extrémités
La messe noire débute
Ici est scandé, le nom de Belzébuth

Des caveaux sombres à l'abri des regards
Ou au sous-sol d'un grand manoir
Les fidèles s'adonnent plaisamment
A des orgies de tout consentement

La bourgeoisie est masquée
Par des visages pâles en porcelaine
Il ne faut reconnaître ces derniers
Pour ne point attiser leur haine

A l'heure de la presque aube
L'occulte n'est plus qu'une orbe
Que l'on aurait su apercevoir
Très tard, dans la nuit noire

Poème à la liberté

La liberté des oppressés
Restreinte et aiguisée
La liberté des innocents enfermés
Nul n'est totalement réprimé

Personne n'est totalement libre
A la limite, l'alerte résonne et vibre
Retournez sur le droit chemin
Tels ces moutons dirigés par un chien

Donnez des droits à un individu
Pendant qu'on les retire à un autre
A tous les êtres perdus
Je lève mon verre à la vôtre

La plus grande des libertés est l'écriture
La plus des belles des libertés, la poésie
De son sens riche malgré les ratures
Elle résume un passé, un instant, une vie

Des rimes croisées ou couplées
Leur valeur reste inestimée
La beauté des mots
Une mélodie au bord de l'eau

Je m'en vais rejoindre la liberté absolue
Le doux monde de l'inattendu
Le monde des rêves ensoleillés
La liberté de déserter

Voyage fumant

Dans mon voyage de fumée
Plus rien ne m'est affecté
Mes sens sont délicieux
Je goûte au savoureux

La musique swingue
Adoucit les pleurs
Étouffe le bruit des scies Sterling
C'est mon quart d'heure

Je contemple au sommet
D'un érable du canada
Un sublime aigle voler
Vers l'aube rouge grenat

Sous cette vision tout m'émerveille
Le vent sifflote et craillent les corneilles
Chaque minute tout se dissipe
Arc-en-ciel. Tornade. Plus de principes

Fin du voyage
De nouveaux barrages
Les femmes sont si viles
Au visage te crachent leur bile

Un jour l'amour concret
Lendemain au silence complet
Se sentir seul et abandonné
Au milieu des déesses de la médiocrité

Étrange personnage

Quel étrange personnage
Ce mot qui le caractérise si bien
La fourberie du jeune âge
Soucieux de son avenir lointain

Quel étrange personnage
S'autobiographie en poésie
De l'audace ou bien de la folie
La folie d'admirer un naufrage

Puisque la mort est un mystère
Admirons-la de notre vivant
Il sera trop tard une fois sous terre
Rien ne sert d'être trop croyant

On rêve pour vivre
On vit pour les accomplir
C'est si beau d'y croire
En espérant d'y pouvoir

Quel étrange et sinistre personnage
Ces mots qui le caractérisent si bien
Son visage ne vous dit-il rien
Regardez-vous apeurer par l'orage

L'obituaire

Libéré mais pourtant si mal
Un mal-être qui me ronge
Une douleur qui me plonge
Dans mon refuge infernal

Personne, qui suis-je ?
Rompu tel un vestige
Sombre lueur affaiblie
Je la vois qui vacille

Le temps paraît si long
Dès lors où l'on attend son nom
Entre les pages de l'obituaire
A l'entrée du bâtiment austère

Je suis libre mais perdu
L'œil blafard, mon âme déchue
J'entends les grincements clairs
Des portes majestueuses de l'enfer

Table des matières

L'encre de ma plume 7

Ma fascination 9

Mon Ange 11

Incompréhension 13

Admiration 15

Blanche page 17

Mystérieuse 19

Antipathique 21

Sombres pensées 23

Train de vie 25

Vie sous pluie 27

Rictus 29

À la ménagère 31

Ma Vénus 33

Lutte contre l'oubli 35

Psychisme 37

Rêveur penseur 39

Poem to Jim Morrison 41

Conclusion d'imprévu 43

Maudit message 45

À ma mère 47

Invisible romance 49

Fraîcheur journalière	51
Moscou	53
Irish bar	55
Triste réalité	57
Or liquide	59
Parfum d'aube	61
Paradis tropical	63
Mon bonheur	65
Aura	67
Rock furie	69
Folklore folie	71
L'eau par l'acide	73
Coma blanc	75
Usure partielle	77
Jugement divin	79
Une nuit au manoir	81
Poem to Elvis Presley	83
Le divergent	85
Douce folie	87
Mon bonheur II	89
La nostalgie hivernale	91
Les cycles de l'humanité	93
Utopie à l'infernale	95
Conscience flottante	97

Minima Liste	99
01100101 nostalgie binaire	101
Asphalte	103
L'ode au morbide	105
Résidus d'inspiration	107
Sous l'ombre d'un arbre	109
L'inconnue volatilisée	111
Pensées	113
Poésie logique	115
Libérez-moi	117
A bord du train	119
Occulte	121
Poème à la liberté	123
Voyage fumant	125
Étrange personnage	127
L'obituaire	129